LUKAS RAEBER

Anthologie

Diese Buchreihe stellt Band für Band die Bauwerke von ausgewählten jüngeren Schweizer Architekturschaffenden vor, deren Arbeiten durch besondere Qualität überzeugen. Seit 2004 kuratieren wir die Reihe *Anthologie* in Form einfacher Werkdokumentationen. Sie ist vergleichbar mit der «Blütenlese», wie sie in der Literatur für eine Textsammlung vorgenommen wird. Es liegt in der Natur des Architektenberufs, dass die Erstlingswerke meist kleinere, übersichtliche Bauaufgaben sind. Sie sind eine Art Fingerübung, mit der junge Architekturschaffende das Erlernte anwenden und ihr architektonisches Sensorium erproben und entfalten können. Begabung und Leidenschaft für das Metier lassen sich dabei früh in voller Deutlichkeit und Frische erkennen. So stecken in jedem der kleinen und grossen Projekte inspirierte Grundgedanken und Vorstellungen, die spielerisch und zugleich perfekt in architektonische Bilder, Formen und Räume umgesetzt werden. Immer wieder wird mir dadurch bewusst, dass in der Architektur wie in anderen Kunstformen die Bilder und Ideen, die hinter einem Werk stehen, das Wesentliche sind. Es mag diese Intuition sein, die Kunstschaffende haben, die über ihr Werk wie ein Funke auf die Betrachtenden überspringt, so wie es der italienische Philosoph Benedetto Croce in seinen Schriften eindringlich beschrieben hat.

Heinz Wirz
Verleger

Anthologie

Each volume in this series presents buildings by selected young Swiss architects whose works impress with exceptional quality. Since 2004, we have been curating the *Anthologie* series by simply documenting their oeuvre. The series can be compared to a literary anthology presenting a collection of selected texts. It is in the nature of the architectural profession that early works are mostly small, limited building tasks. They are a kind of five-finger exercise in which the young architects apply what they have learnt, as well as testing and developing their architectural instincts. Talent and a passion for the profession can be seen at an early stage in all of its clarity and freshness. Each project, be it large or small, contains an inspired underlying concept and ideas that are playfully and consummately implemented as architectural images, forms and spaces. Thus, I am regularly reminded that in architecture, as in other art forms, the essence of a piece of work is formed by the images and ideas upon which it is based. Perhaps this is the same intuition described so vividly by the Italian philosopher Benedetto Croce, one that is absorbed by the artist and flies like a spark via the work to the viewer.

Heinz Wirz
Publisher

56 Anthologie

LUKAS RAEBER

QUART

PRAXIS

Die Entwicklung eines strukturell bedingten Materialkonzepts als ein zentrales Element des Entwurfs verbindet die architektonischen Arbeiten von Lukas Raeber. Die konzeptuelle Gestaltung definiert nicht nur die visuelle Ästhetik der Bauwerke, sondern prägt auch massgeblich die atmosphärische Wirkung des Inneren sowie des Äusseren. Die konstruktiven Systeme werden im Inneren spür- und erlebbar und reagieren im Aussenraum individuell auf den umgebenden Kontext. Die Ablesbarkeit der baulichen Struktur und der damit einhergehenden Materialisierung ist ein wesentlicher Schwerpunkt der Arbeiten.

Einen weiteren durchgängigen und gestaltprägenden Themenschwerpunkt der Arbeiten bildet das materialechte Bauen. Die von der Konstruktion vorgegebenen Materialien werden, wo es das Konzept stärkt, in ihrem roh belassenen Zustand verwendet und sichtbar belassen. Das Material erscheint hierbei als zeitgemässes Ornament. Diese typologieübergreifende Herangehensweise verleiht den Bauten eine spezifische Identität, macht sie zeitlos und entzieht sie modischen Trends. Es entstehen der Funktion verpflichtete, bauliche Skulpturen, deren Begründung sich in der konstruktiven Struktur, dem Material sowie der Auseinandersetzung mit dem Ort und der Nutzung findet. Das Ergebnis der Arbeit sind vielfältige und eigenständige Projekte, welche das Wesen des Gebauten sichtbar und zugänglich machen.

PRACTICE

A central design element connecting the architectural works of Lukas Raeber is the development of a material concept determined by structure. This conceptual approach defines not only the visual appearance of the buildings but also significantly shapes their atmosphere, both inside and out. The structures are tangible and perceptible in the interior, while externally they respond to the surrounding context in their own way. The legibility of structure and its associated materiality is an important focus of the work.

Another consistent and formative aspect of Lukas Raeber's work is material honesty. Where it supports the concept, the structural materials are left in their raw state and made visible, letting material take on the role of a contemporary ornament. Applied across building types, this approach gives each work a distinct identity, makes them timeless and frees them from passing trends. In this way, functional architectural sculptures emerge, grounded in structure, material and the engagement with place and use. This practice produces diverse and independent projects that render the built work legible and accessible.

EINE FLEXIBLE SCHULE

Schulhaus Bogenacker-Tannenbühl, Dürnten

Das Areal der Standorte Bogenacker und Tannenbühl umfasste zwei Primarschulhäuser und mehrere Kleinbauten um eine bislang undefinierte Mitte. Durch die Neubesetzung dieser Mitte gelingt es dem neuen Schulcampus Dürnten, aus drei Standorten eine zusammenhängende Einheit zu bilden. Das neue zentrale Schulhaus wird als zeitgemässes flexibles Gebäude entlang von drei parallelen Raumachsen organisiert.

Der Erschliessungsbereich, das Zentrum und die «dienende Raumachse» mit grosszügigem Entrée und Freitreppe, ist in rohem Beton gehalten. Die zwei seitlich angrenzenden Raumachsen aus Konstruktionsholz bilden die frei einteilbare Schicht der Nutzräume, in denen sich die Klassenzimmer befinden. Umlaufende Holzelemente fassen die Räume ein und sorgen für einen ruhigen Ausdruck. Die drei Raumachsen werden durch eine hölzerne, vorgewitterte Fassade und einen vorgesetzten, umlaufenden Fluchtbalkon aus Metall zu einer Einheit zusammengefasst. Das Schulhaus ist zukünftig um eine Achse erweiterbar und trägt so dem Aspekt der Nachhaltigkeit Rechnung.

A FLEXIBLE SCHOOL

Bogenacker–Tannenbühl school, Dürnten

The sites at Bogenacker and Tannenbühl comprised two primary school buildings and several small structures around a centre that had previously remained undefined. By re-establishing this centre, the new school campus in Dürnten succeeds in bringing the three sites together as a coherent whole. The new central school is organised as a contemporary, flexible building along three parallel spatial axes.

The circulation zone, the centre and "service axis" with a generous entrance hall and staircase, is built in raw concrete. The two adjoining axes in structural timber form a freely divisible layer of classrooms and other functional spaces. Continuous timber elements frame the rooms and give them a quiet character. A pre-weathered timber façade and a projecting escape walkway in metal tie the three axes into a single unit. The school can be extended by one axis in future, ensuring the project's sustainability.

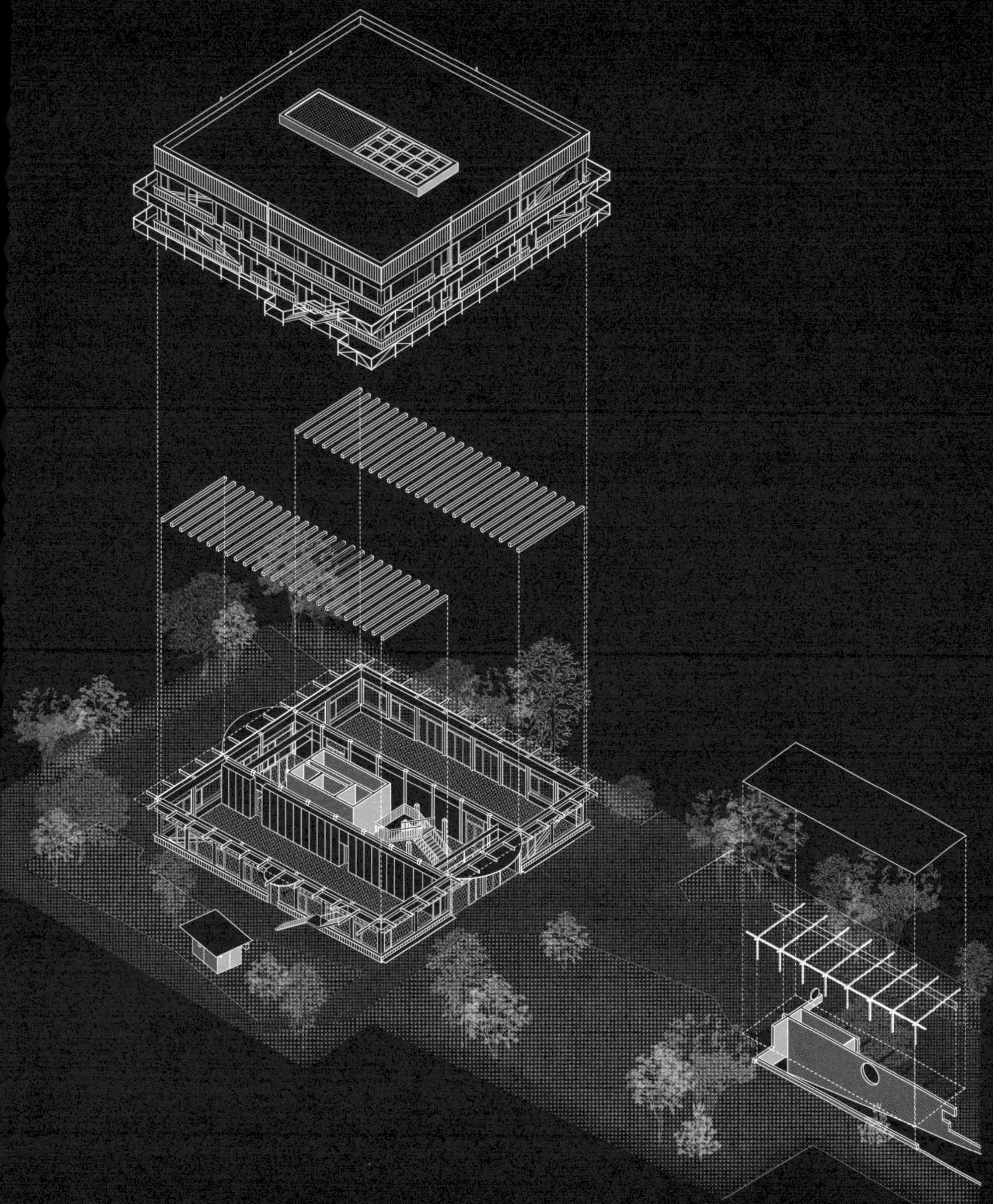

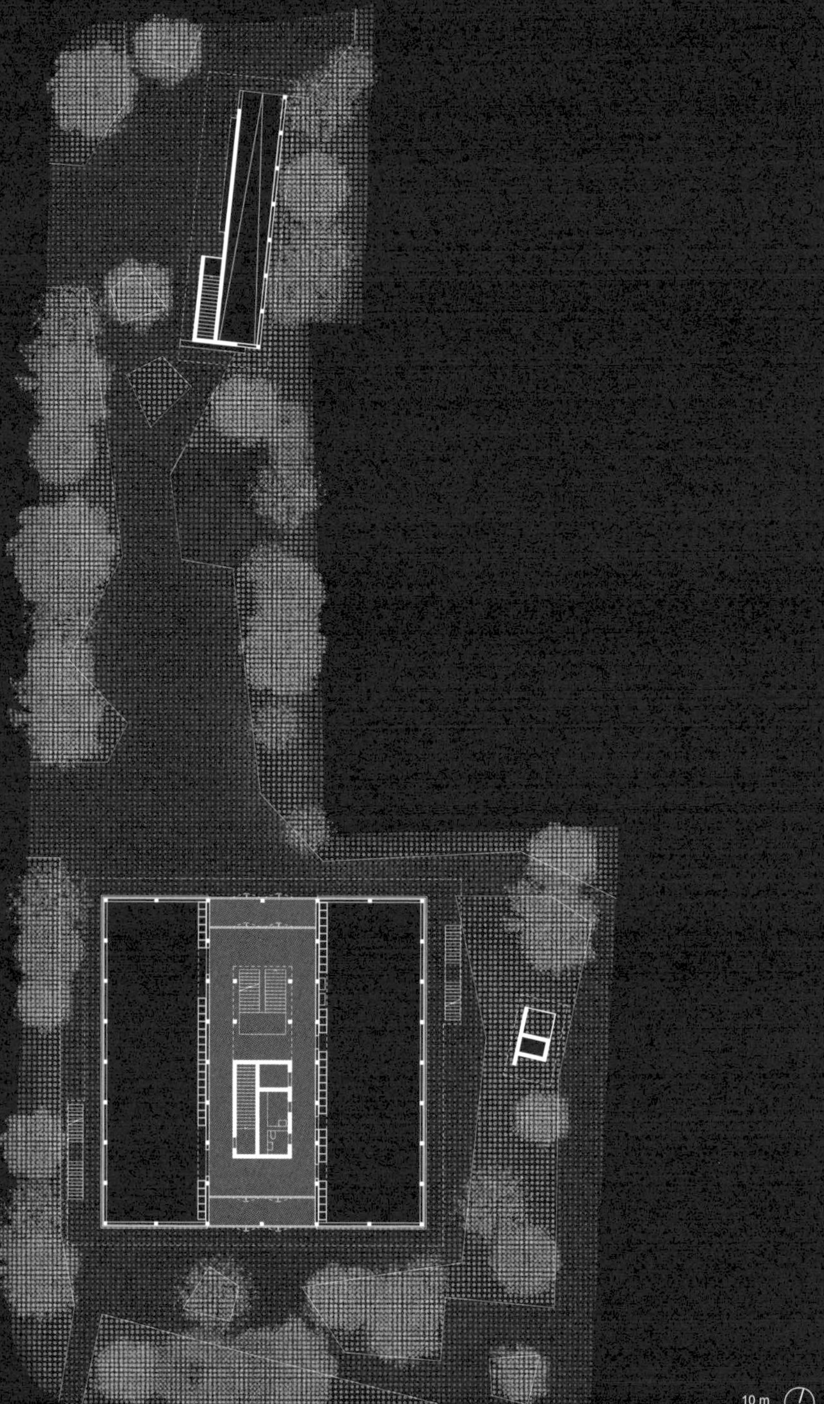
10 m

KONSTRUKTIVE GEGENSÄTZE

Wohnhaus, Riehen, in Zusammenarbeit mit Patrick Reuter

Ein beziehungsreicher Umgang mit Raum, Struktur, Material und Ort bildet die Grundlage des Entwurfs für ein Einfamilienhaus. Gegensätze wie leicht und schwer, Stützen und Lasten bezeichnen die wesenseigenen Merkmale des Bauwerks.

Der Entwurf gründet auf einer anspruchsvollen Hanglage, aus der das abgestufte Erdgeschoss entspringt. Dem steinigen Untergrund entsprechend sind die Oberflächen des Erdgeschosses homogen und roh. Hier befinden sich die Wohn- und Essräume mit Küche. Zwei tragende Wandscheiben und eine Feuerstelle aus Beton bilden das Tragwerk im Erdgeschoss. Die privaten Wohnräume in Holzbauweise befinden sich im Obergeschoss, wobei der Holzbau seitlich auf den Wandscheiben des Erdgeschosses aufliegt und an beiden Enden auskragt. Gekreuzte Stahlbänder zur Zurückbindung der Aussenwände führen die positiven Eigenschaften der Materialien Holz und Stahl zusammen und werden den jeweiligen Nutzungsanforderungen von innen, dem Wohnraum, und aussen, der Wetterschicht, gerecht. Die zweigeschossige Betonskulptur der Feuerstelle greift in den Holzbau ein, wohingegen ein Holzbaukörper, bestehend aus Treppe und Garderobe, in das Erdgeschoss ragt. Dieser statische Balanceakt entfacht ein kräftiges und ausgedehntes Raumgefühl und bringt eine beziehungsreiche Architektur zum Vorschein.

STRUCTURAL OPPOSITES

House, Riehen, in collaboration with Patrick Reuter

A close engagement with space, structure, material and place is at the centre of the design for this single-family house. It is characterised by opposites such as lightness and heaviness, supporting and weighing down.

The design grows from the challenging slope, from which the stepped ground floor emerges. In response to the stony subsoil, the surfaces on this level are homogenous and raw. It accommodates the living and dining areas and a kitchen. Two load-bearing concrete wall planes with a built-in fireplace form the structural core of the ground floor. The private rooms in timber construction are located above; the timber structure rests on the wall planes below and cantilevers at both ends. Crossed steel bracings tie back the external walls, combining the strengths of timber and steel while meeting the differing requirements of interior space and weather-facing exterior. The two-storey concrete fireplace extends into the timber structure, while a timber volume containing the stair and cloakroom projects into the ground floor. The static balance of elements generates a strong, expansive sense of space and reveals an architecture rich in relationships.

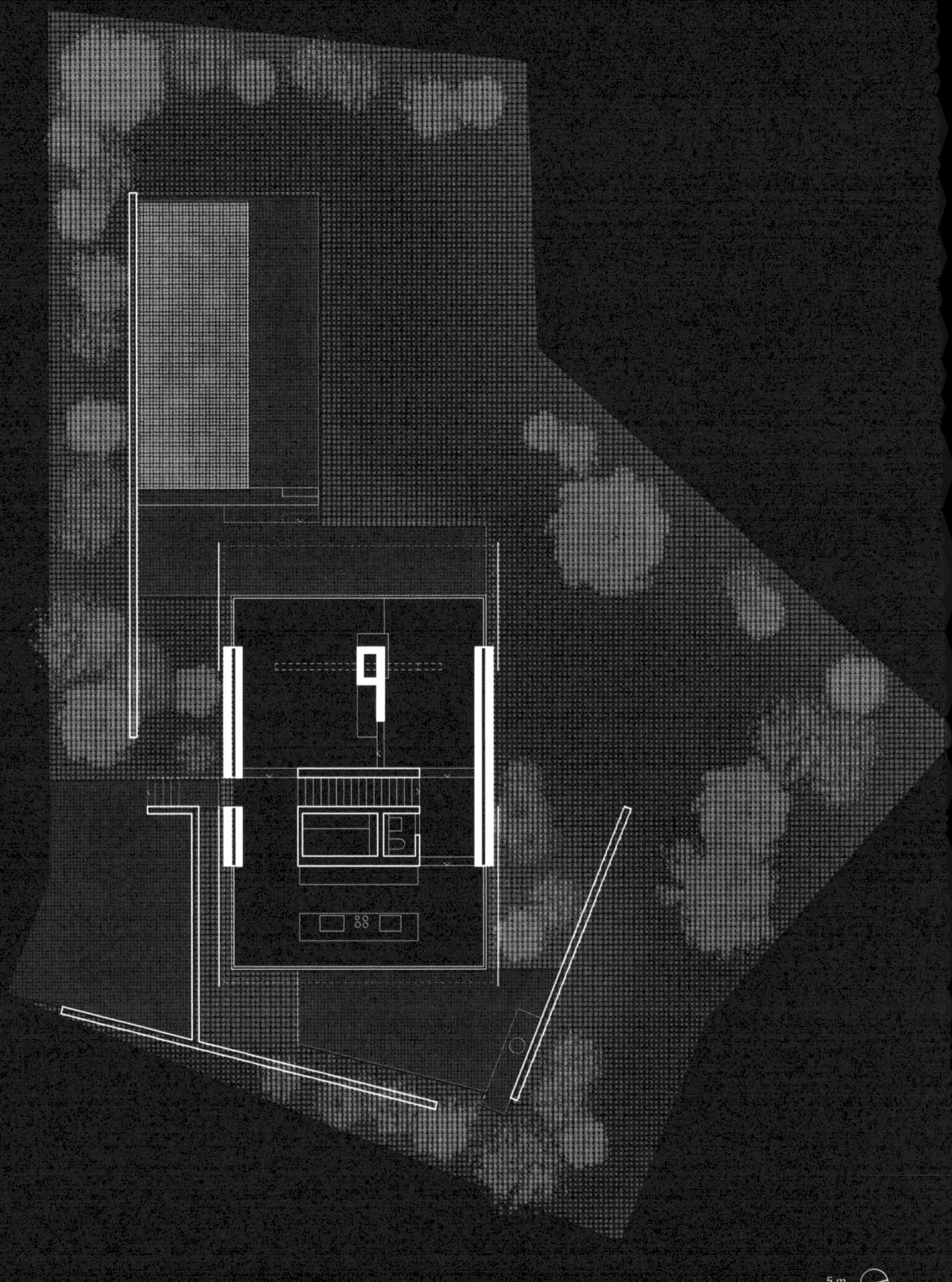
5 m

HANDWERKERHAUS FÜR DIE KREISLAUFWIRTSCHAFT

Mehrfamilienhaus Efringer, Basel

Über der bestehenden Werkstatt einer Spenglerei befindet sich eine Aufstockung mit vier neuen Wohngeschossen. Der vorfabrizierte und rückbaubare Holzelementbau komplettiert einen bisher offenen Blockrand. Das strassenseitige Steildach führt die Traufhöhe der Nachbarliegenschaft fort und integriert eine Photovoltaikanlage. Zum Hof hin stufen sich die Geschosse ab und schaffen grosszügige Terrassen. Im Sockelbereich vermischen sich alte und neue Elemente, geprägt durch robuste Beton- und Mauerwerksarbeiten. Das vorfabrizierte Treppenhaus erschliesst pro Geschoss jeweils zwei Wohnungen, die durch den roh belassenen Holzbau von einer warmen Atmosphäre geprägt sind. Aussen schützen grossformatige, profilierte Metallplatten die Konstruktion und verleihen dem Haus einen zeitlosen Ausdruck.

Als massgebendes Motiv folgt die Aufstockung dem Prinzip des «Urban Mining», dem Grundsatz des rückbaubaren Hauses. Dabei kommen wiederverwendbare, demontierbare und geschraubte Bauteile, fugenlos montierte Chromstahlbäder, additiv aufgesetzte Elektro- und Heizinstallationen sowie unbehandelte Aluminiumplatten an der Fassade zum Einsatz.

A CRAFTSMAN'S HOUSE FOR THE CIRCULAR ECONOMY

Efringer residential building, Basel

Above the existing workshop of a metalworker, a vertical extension adds four new residential storeys. The prefabricated and demountable timber element structure completes a previously open perimeter block. A pitched roof on the street side matches the eaves height of the neighbouring building with integrated photovoltaics. Towards the rear courtyard, the volumes step back to create generous terraces. At the base, old and new elements blend together, characterised by robust concrete and masonry work. A prefabricated stair core provides access to two flats per floor, while the untreated timber construction lends the interiors a warm atmosphere. On the exterior, large-format profiled metal panels protect the structure and give the house a timeless expression.

The extension follows the principle of "urban mining" – the idea of a demountable building. Reusable, screwed and demountable components are used, along with seamless stainless-steel bathrooms, add-on electrical and heating installations and untreated aluminium panels on the façade.

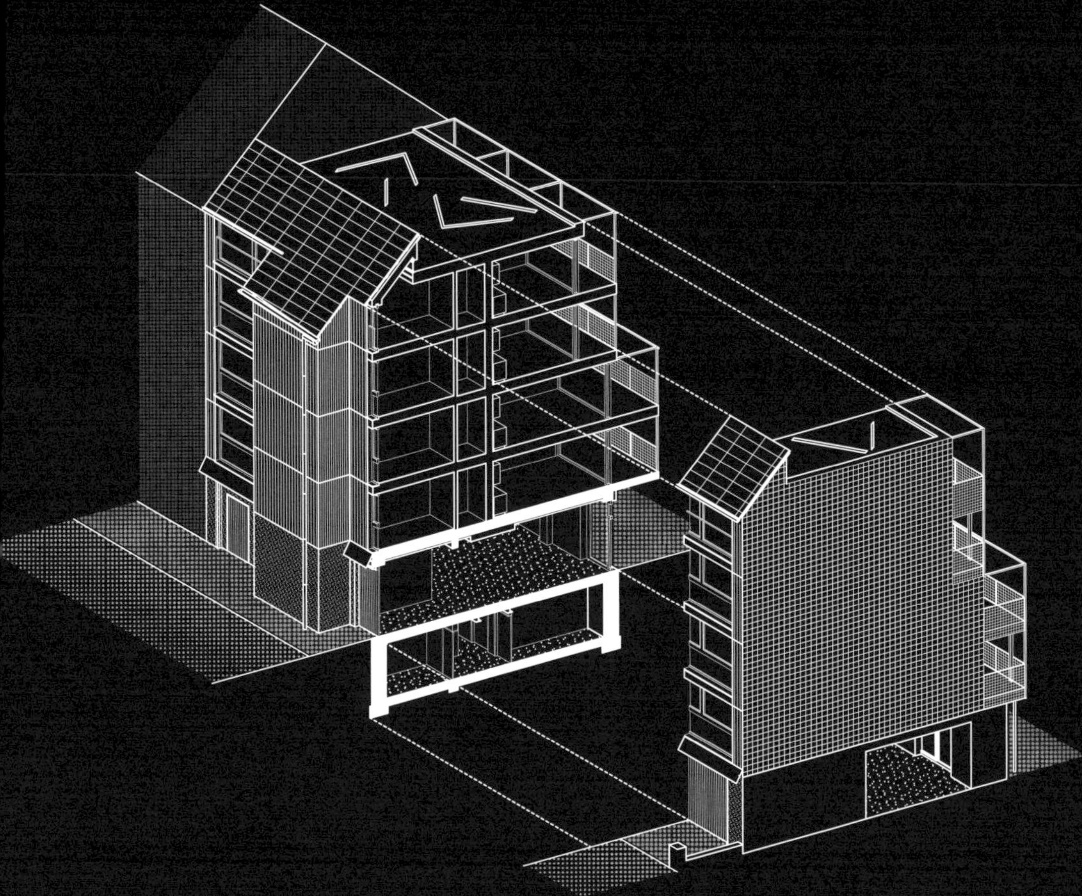

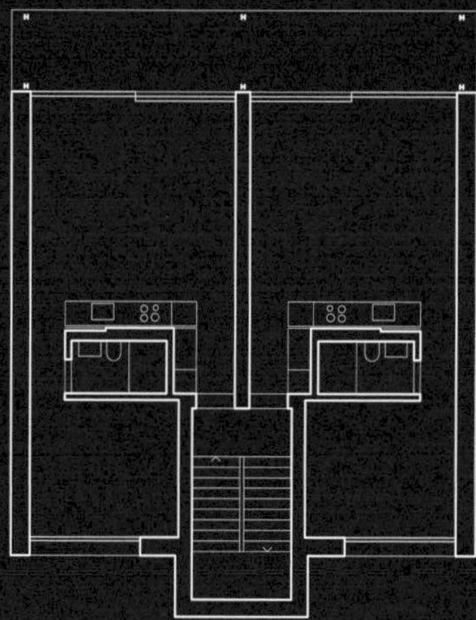

5 m

DACH AN ZWEI BALKEN

Aufstockung Drahtzug, Basel

Ein Wohnhaus wird um zwei Stockwerke nachverdichtet und aufgestockt, wodurch zwei spiegelsymmetrische Maisonette-Wohnungen geschaffen werden. Der äusserlich nahezu verborgene Dachausbau nutzt vorfabrizierte Holzbauelemente, die an zwei zwischen den Brandwänden gespannten Firstpfetten hängen. Diese konstruktive Lösung schafft im unteren Stockwerk offene, stützenfreie Wohnräume mit großzügigen Fensterfronten und Terrassen. Der Treppenlauf entlang der statischen Achse verbindet die unteren, offenen Wohnräume mit den oberen, introvertierten Schlafräumen. Diese orientieren sich durch grosse Dachflächenfenster zum Himmel. Oberlichter über der Treppe lassen zusätzlich Licht in den Wohnraum fallen.

Das Projekt basiert auf dem Prinzip, dass alles Gebaute einer Funktion entspringt. Die Treppenbrüstung und das industrielle Treppengeländer sind funktional gestaltet und wiederholen sich auf den Terrassen. Sichtbare Verbindungselemente und eine Feuerstelle aus rohem Stahl integrieren Abluftrohre und Installationen. Die entwurfsprägende, hängende Dachkonstruktion wird durch das sichtbar belassene Fichtenholz betont und prägt die räumliche Atmosphäre der Wohnungen.

ROOF ON TWO BEAMS

Drahtzug roof extension, Basel

A residential building is extended by two additional storeys, creating two mirrored maisonettes. Almost invisible from outside, the roof extension is constructed from prefabricated timber elements suspended from two ridge beams spanning between the party walls. This structural solution creates open, column-free living spaces on the lower level, with generous window fronts and terraces. The stair runs along the structural axis and links the open living spaces below with the more introverted sleeping areas above, which face the sky through large roof windows. Skylights above the stair bring additional light into the living space.

The project is based on the principle that every element serves a function. The stair balustrade and industrial-style railing are designed accordingly and repeated on the terraces. Visible connections and a raw steel fireplace integrate ductwork and services. The defining suspended roof structure is expressed through exposed spruce, shaping the spatial atmosphere of the flats.

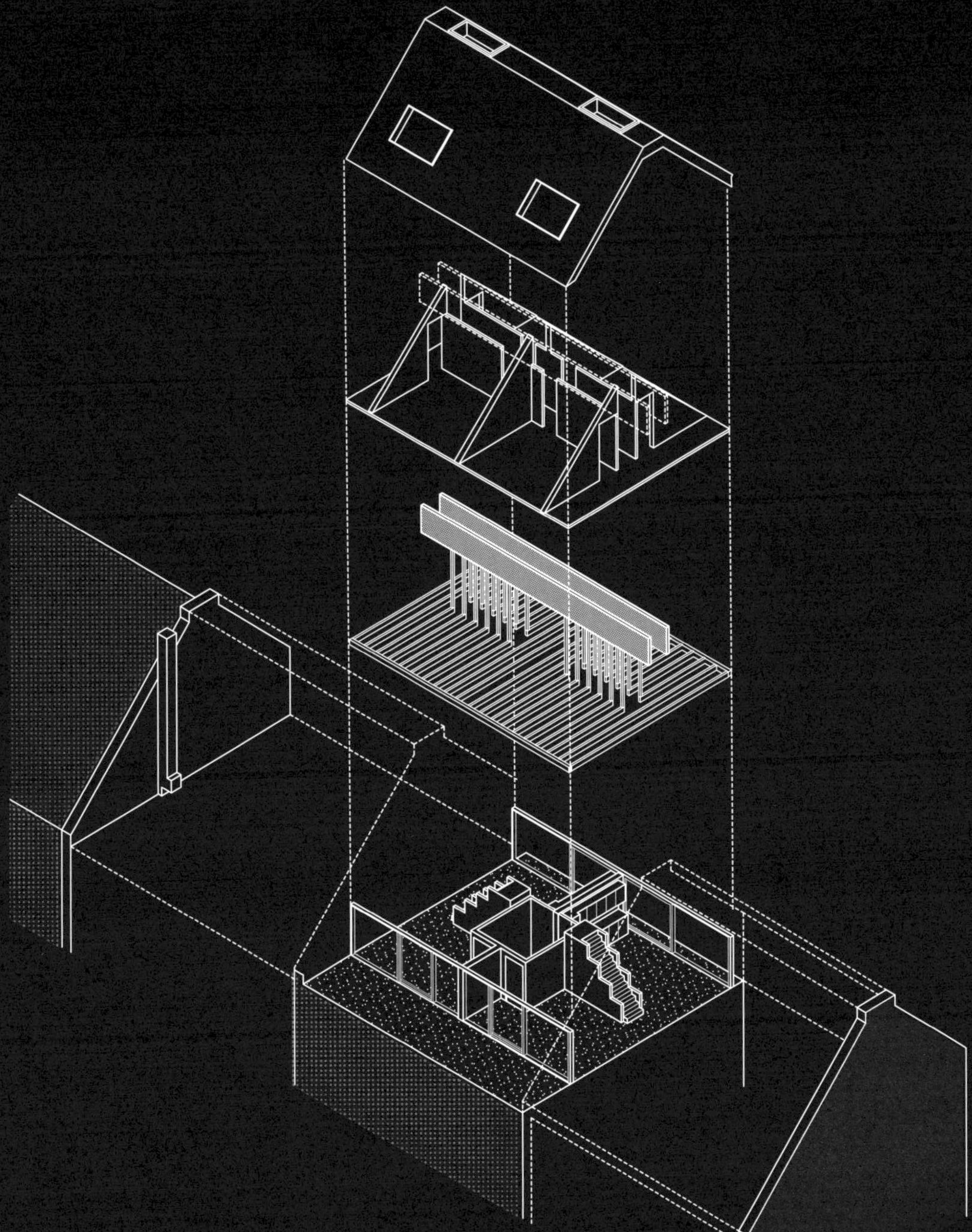

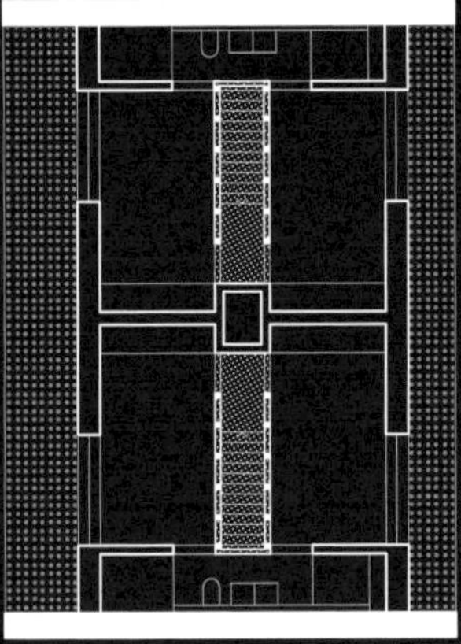

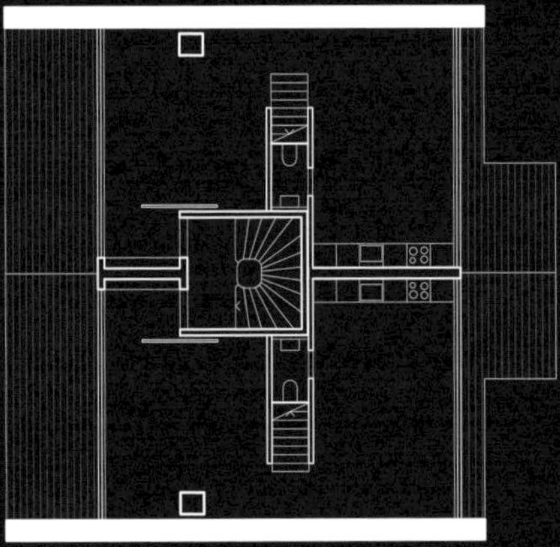

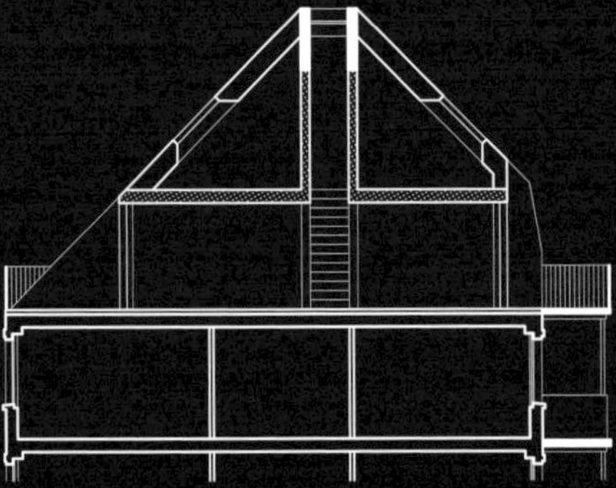

5 m

HAUS MIT DREI KERNEN

Wohnhaus, Männedorf

Durch das Aufgreifen der Parzellengeometrie erhält das Wohnhaus seinen identitätsstiftenden, dreieckigen Grundriss. Konzeptuell wird das Haus durch drei raumhaltige Betonskulpturen geprägt, die jeweils zentral an einer Fassade angeordnet sind und die Gebäudeecken freispielen. Der Grundriss gliedert sich so in drei randläufige Zimmer sowie einen zentralen Erschliessungsbereich. Die muralen Skulpturen sind als Infrastrukturpfeiler zu verstehen und übernehmen nebst tragender Rolle dienende Funktionen wie Erschliessung, Nasszellen und Kamin.

Das Raumangebot teilt sich in horizontale Schichten. Die Wohnräume bilden im Erdgeschoss das Zentrum mit direktem Bezug zum umlaufenden Garten. Diese Ebene folgt der vorliegenden Topografie und stuft sich vom Ess- zum Wohnbereich ab. Schlafzimmer sind im ersten und zweiten Obergeschoss angeordnet, Nebenräume im Souterrain.

Die Materialisierung richtet sich nach den Nutzungen und dem statischen Prinzip des Hauses: Die statisch relevanten Kerne mit den dienenden Räumen sind aus Beton und die offenen Wohnräume aus Holz und Glas. Die strukturell relevanten Materialien bleiben sichtbar, die Nutzung und das konstruktive Prinzip somit von aussen und innen erlebbar.

HOUSE WITH THREE CORES

Residential building, Männedorf

By taking up the geometry of the plot, the house adopts a distinctive triangular floor plan. Conceptually, it is defined by three sculptural concrete volumes, each placed centrally along a façade, leaving the corners of the building open. This arrangement divides the plan into three perimeter rooms and a central circulation zone. These wall-like sculptures act as infrastructure pillars, providing not only structural support but also accommodating circulation, bathrooms and a fireplace.

The living spaces are organised in horizontal layers. The ground floor forms the centre of the house, with direct access to the surrounding garden. This level follows the site topography and steps down from dining area to living area. Bedrooms are located on the first and second floors, with ancillary rooms in the basement.

Materiality follows both function and the structural logic of the building: the load-bearing cores and service spaces are built in concrete, while the open living areas are constructed in timber and glass. The structural materials remain visible, making the building's use and construction legible from both outside and within.

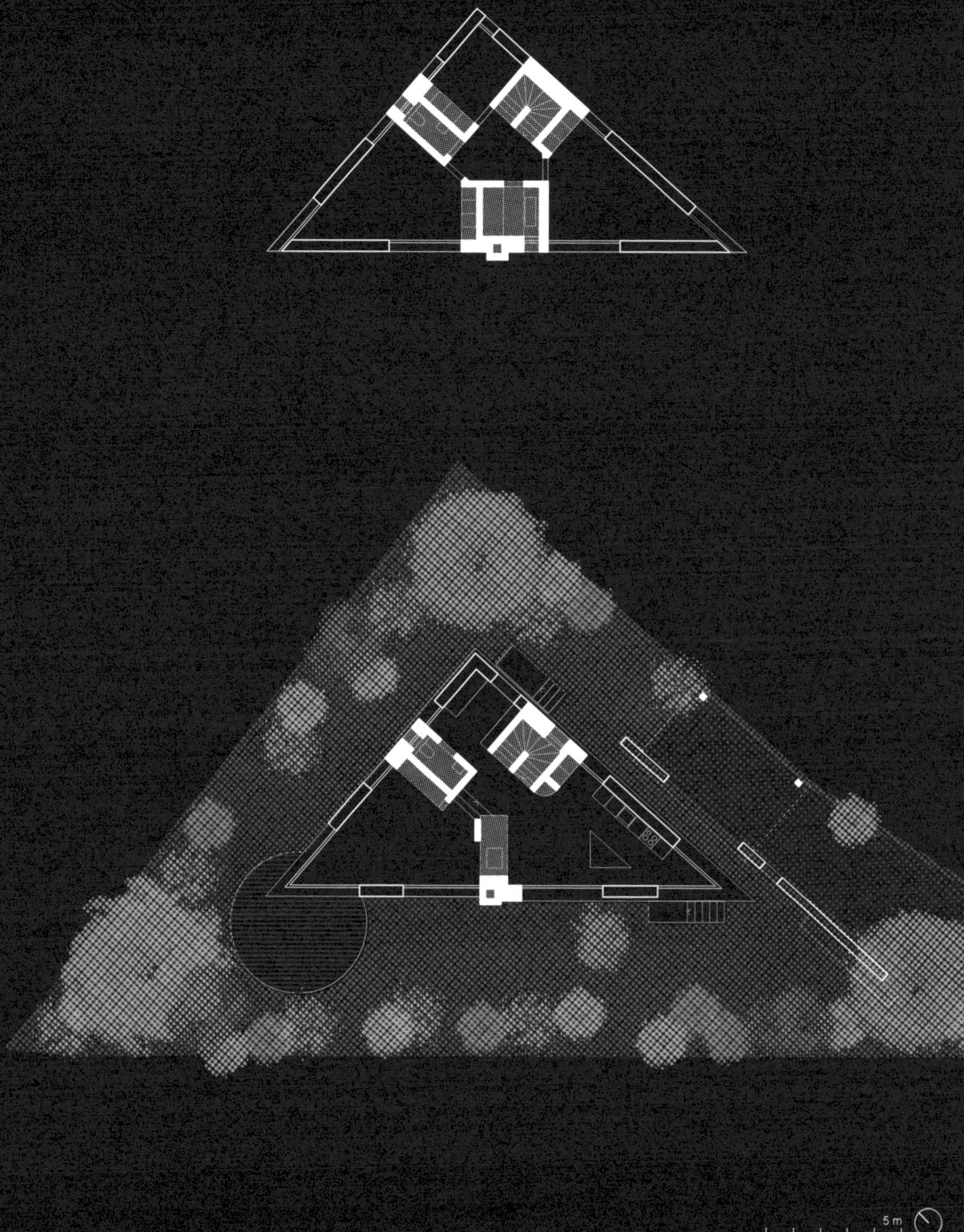
5 m

EIN WANDELBARES HAUS IM RASTER

Mehrfamilienhaus Stettbach, Zürich

Eine Arealüberbauung in Zürich wird durch einen Ersatzneubau mit 26 Wohnungen verdichtet. Dem Entwurf liegt die Idee einer dreidimensionalen Rasterstruktur zugrunde, die durch Serialität zum raumgreifenden Gefüge wird. Das Holzraster basiert auf Raumzellen, die derart proportioniert sind, um bestmögliche Aufenthaltsqualitäten für die Bewohnerschaft zu ermöglichen. Durch das Arrangieren, Öffnen, Schliessen, Kombinieren und Staffeln dieser Raumzellen innerhalb der Rasterstruktur entstehen Sequenzen, die sich zu vielschichtigen Wohnwelten zusammenfügen. Die Gesamtform folgt gleichsam dem Willen zum Dialog mit dem Kontext, wie einer intrinsischen Logik. Im Zusammenspiel zwischen raumhohen Öffnungen und langgezogenen, vertikalen Wandscheiben wird die vielfach abgewickelte Fassade zu einem einheitlichen Ganzen zusammengefasst.

Die Grundrissanordnung ermöglicht attraktive Wohnungen, die zu mehreren Himmelsrichtungen ausgerichtet sind. In den Wohnräumen ist die Konstruktion atmosphärisch prägend, während die Materialisierung zurückhaltend ist. Der rationale Holzelementbau bietet als Skelettstruktur zudem höchste Flexibilität und Anpassbarkeit, um ohne grosse Eingriffe in die Substanz auch künftigen Wohnkonzepten gerecht werden zu können. Die strukturelle Systemtrennung ist hierfür konsequent umgesetzt.

AN ADAPTABLE BUILDING ON A GRID

Stettbach residential building, Zurich

Replacing an existing building, this new structure with 26 flats adds density to an existing housing estate in Zurich. The design is based on a three-dimensional grid, which becomes a spatial framework through serial repetition. The timber grid is composed of room units proportioned to offer residents the best possible spatial quality. By arranging, opening, closing, combining and staggering these room units within the grid, spatial sequences emerge that form layered living environments. The overall form reflects the desire to create a dialogue with the context as well as its internal logic. In the interplay between full-height openings and elongated vertical wall planes, the folded façade resolves into a coherent whole.

The floor plan allows for attractive flats with multiple orientations. In the living areas, the construction defines the atmosphere, while the material palette remains restrained. As a skeletal structure, the rational timber element system offers a high degree of flexibility and adaptability, allowing future living concepts to be accommodated without major interventions to the structure. The separation of structural and servicing systems is consistently executed throughout.

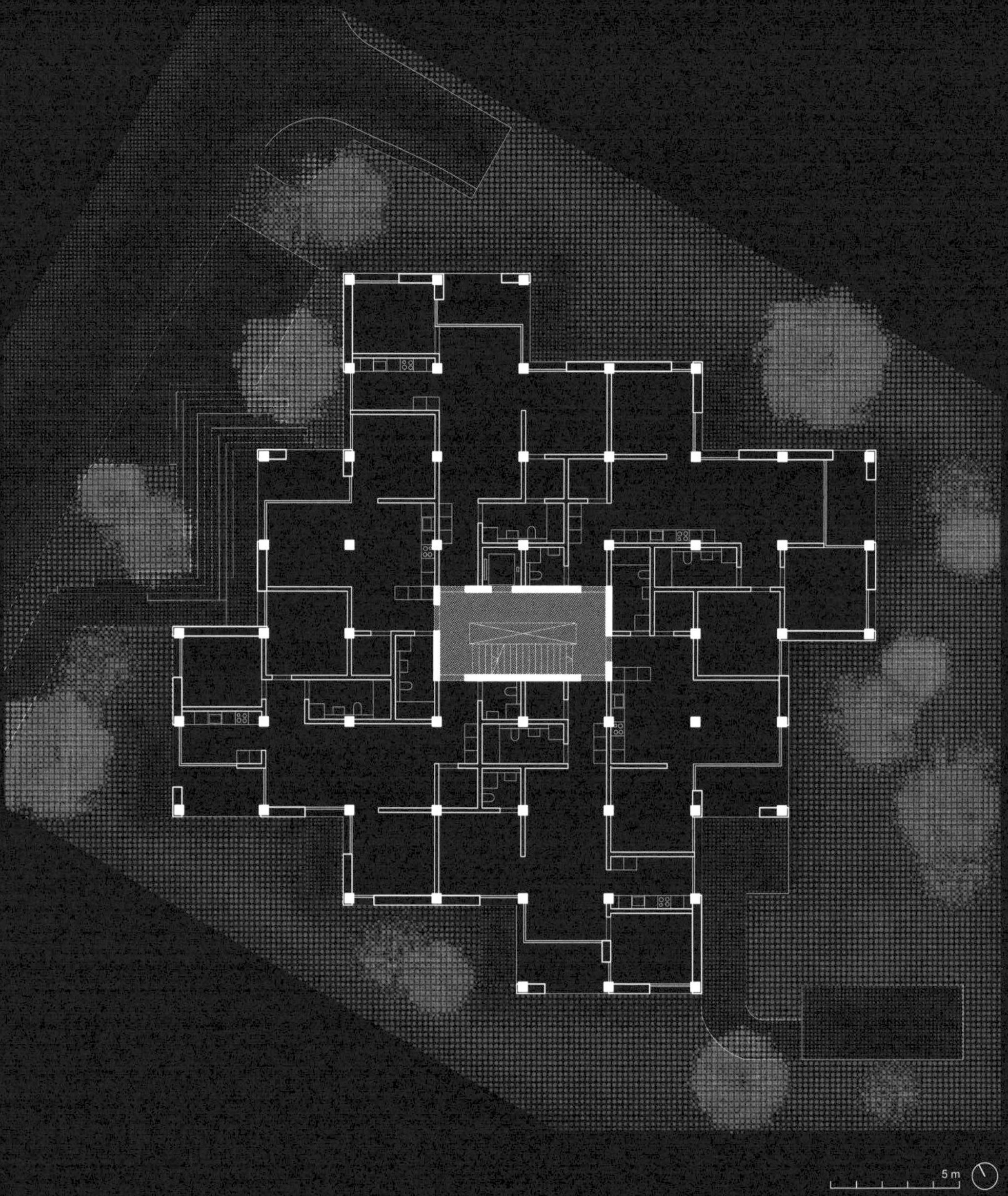
5 m

LUKAS RAEBER

1984	Geboren in Basel
	Aufgewachsen in Washington DC und Riehen BS
2002	Matura am Gymnasium Bäumlihof, Basel
2002–2008	Architekturstudium an der ETH Zürich
2005–2006	Praktikum bei Frank O. Gehry, Los Angeles
2007	Austauschstipendium an der Università della Svizzera Italiana (USI) Mendrisio bei Peter Zumthor
2008	Austauschstipendium an der University of Tokyo bei Manabu Chiba
2008	Diplom an der ETH Zürich bei Prof. Dr. Marc Angélil
2009	Mitarbeit bei Diller Scofidio + Renfro, New York
2009–2012	Assistent an der ETH Zürich bei Prof. Dr. Marc Angélil
2012–2016	Zusammenarbeit mit Patrick Reuter
2017	Gründung Lukas Raeber Architektur
2020	Lehrbeauftragter für Entwurf an der Hochschule Luzern (HSLU)

WERKVERZEICHNIS

Projekte (Auswahl):

2016		Wohnhaus in Riehen, Basel (mit Patrick Reuter)
2017	1	Theater of Combustion, Aserbaidschan (Kunstarbeit mit Michael Hirschbichler)
2018		Mehrfamilienhaus Drahtzug, Basel
2022		Verkehrsgarten, Basel
2022		Mehrfamilienhaus Efringer, Basel
2023		Wohnüberbauung Stettbach, Zürich
2023		Wohnhaus Männedorf, Zürich
2025		Schulhaus Bogenacker-Tannenbühl, Dürnten

Auszeichnungen, Wettbewerbe und Studien (Auswahl):

2016		*Arc Award* (Der erste Bau): Haus in Riehen, Basel (1. Rang)
2018		Wettbewerb Neubau Schulhaus Limmattal, Zürich (3. Rang)
2019		Wettbewerb Schulcampus Bogenacker-Tannenbühl, Zürich (2. Rang)
2019		Wettbewerb Heilpädagogische Schule Rümelbach, Rümlang (mit Wallimann Reichen, 2. Rang)
2019	3	Haus in Herrliberg, Zürich
2020	6	Planerwahlverfahren Verkehrsgarten, Basel (1. Rang)
2020	2	Wettbewerb Schulanlage Kappeli, Buchs (mit Wallimann Reichen, 1. Rang)
2020		Wettbewerb Schulanlage Mühleholz, Vaduz (2. Rang)
2021		Wettbewerb Primarschule Walenbach, Wetzikon (2. Rang)
2022	4	Wettbewerb Schulzentrum Unterland, Ruggell (2. Rang)
2022	5	Haus an der Schweizergasse, Basel
2023		Wettbewerb Wohnüberbauung Stettbach, Zürich (1. Rang)

MITARBEITENDE

seit 2017	Moritz Schudel, Lale Lommatzsch, Stella Barthelmeus, Julien Blanc, Laura Schieferdecker, Claudia Bütikofer, Ladina Bürgisser, Nina Gusenburger, Flavio Thommen, Jessica Cabrera, Cyrill Kaderli, Luisa Overath, Gonçalo Duarte Pita

1

2

5

3

6

4

LUKAS RAEBER

1984	Born in Basel Grew up in Washington, D.C. and Riehen BS
2002	Matura at Gymnasium Bäumlihof, Basel
2002–2008	Studied architecture at ETH Zurich
2005–2006	Internship with Frank O. Gehry, Los Angeles
2007	Exchange scholarship at Università della Svizzera Italiana (USI) Mendrisio with Peter Zumthor
2008	Exchange scholarship at the University of Tokyo with Manabu Chiba
2008	Diploma at ETH Zurich with Prof. Dr. Marc Angélil
2009	Worked with Diller Scofidio + Renfro, New York
2009–2012	Teaching assistant at ETH Zurich, Prof. Dr. Marc Angélil
2012–2016	Collaboration with Patrick Reuter
2017	Founded Lukas Raeber Architektur
2020	Lecturer in design at the Lucerne University of Applied Sciences and Arts (HSLU)

LIST OF WORKS

Projects (Selection):

2016		House in Riehen, Basel (with Patrick Reuter)
2017	1	Theatre of Combustion, Azerbaijan (with Michael Hirschbichler)
2018		Drahtzug residential extension, Basel
2022		Traffic garden, Basel
2022		Efringer residential building, Basel
2023		Stettbach residential building, Zurich
2023		Residential building, Männedorf
2025		Bogenacker–Tannenbühl school, Dürnten

Awards, competitions and studies (Selection):

2016		*Arc Award* (First Building): House in Riehen, Basel (1st Prize)
2018		Competition, Limmattal school, Zurich (3rd Prize)
2019		Competition, Bogenacker–Tannenbühl school campus, Zurich (1st Prize)
2019		Competition, Rümelbach special needs school, Rümlang (with Wallimann Reichen, 2nd Prize)
2019	3	House in Herrliberg, Zurich
2020	6	Selection procedure, Traffic garden, Basel (1st Prize)
2020	2	Competition, Kappeli school complex, Buchs (with Wallimann Reichen, 1st Prize)
2020		Competition, Mühleholz school complex, Vaduz (2nd Prize)
2021		Competition, Walenbach primary school, Wetzikon (2nd Prize)
2022	4	Competition, Unterland school centre, Ruggell (2nd Prize)
2022	5	House on Schweizergasse, Basel
2023		Competition, Stettbach residential building, Zurich (1st Prize)

TEAM

since 2017	Moritz Schudel, Lale Lommatzsch, Stella Barthelmeus, Julien Blanc, Laura Schieferdecker, Claudia Bütikofer, Ladina Bürgisser, Nina Gusenburger, Flavio Thommen, Jessica Cabrera, Cyrill Kaderli, Luisa Overath, Gonçalo Duarte Pita

Finanzielle und ideelle Unterstützung

Ein besonderer Dank gilt den Institutionen und Sponsorfirmen, deren finanzielle Unterstützungen wesentlich zum Entstehen dieser Buchreihe beitragen. Ihr kulturelles Engagement ermöglicht ein fruchtbares und freundschaftliches Zusammenwirken von Baukultur und Bauwirtschaft.

Financial and conceptual support

Special thanks to our sponsors and institutions whose financial support has helped us so much with the production of this series of books. Their cultural commitment is a valuable contribution to fruitful and cordial collaboration between the culture and economics of architecture.

Kopitsis Bauphysik AG, Wohlen

Nager AG, Diepflingen

Truninger-Plot24 AG, Basel

wh-p Ingenieure AG, Basel

Lukas Raeber
56. Band der Reihe *Anthologie*
Herausgegeben von: Heinz Wirz, Luzern
Konzept: Heinz Wirz; Studio Lukas Raeber, Basel
Texte: Studio Lukas Raeber, Basel
Textlektorat deutsch: Beate Ummenhofer, language service, Wien
Übersetzung deutsch–englisch: Nicholas Elliott, Berlin
Fotos: WEISSWERT, Basel, S. 7 (oben links), 38/39, 42, 43, 53 (Nr. 6); Rasmus Norlander, Zürich, S. 7 (oben rechts), 30–35; Rory Gardiner, London, S. 10–14; Willem Pab, Grabserberg, S. 15, 17–19; Eik Frenzel, S. 7 (unten links), 22/23, 25, 26; Lukas Raeber, S. 7 (unten rechts), 16, 27, 41, 52 (unten), 53 (Nr. 4, 5); Lukas Raeber & Wallimann Reichen, S. 53 (Nr. 2); Balthasar Wirz, Basel, S. 52 (oben); Nico Studer, S. 52 (Mitte)
Visualisierungen: ArtefactoryLab, S. 47, 51; dima Visualization, S. 53 (Nr. 3)
Redesign: BKVK, Basel – Beat Keusch, Angelina Köpplin-Stützle
Grafische Umsetzung: Quart Verlag Luzern
Lithos: Rica Egger, Printeria, Luzern
Druck: DZA Druckerei zu Altenburg GmbH

Der Quart Verlag wird vom Bundesamt für Kultur für die Jahre 2021–2025 unterstützt.

ISBN 978-3-03761-336-8

Lukas Raeber
Volume 56 of the series *Anthologie*
Edited by: Heinz Wirz, Lucerne
Concept: Heinz Wirz; Studio Lukas Raeber, Basel
Texts by: Studio Lukas Raeber, Basel
German text editing: Beate Ummenhofer, language service, Wien
German–English translation: Nicholas Elliott, Berlin
Photos: WEISSWERT, Basel, p. 7 (top left), 38/39, 42, 43, 53 (No. 6); Rasmus Norlander, Zurich, p. 7 (top right), 30–35; Rory Gardiner, London, p. 10–14; Willem Pab, Grabserberg, p. 15, 17–19; Eik Frenzel, p. 7 (bottom left), 22/23, 25, 26; Lukas Raeber, p. 7 (bottom right), 16, 27, 41, 52 (bottom), 53 (Nos. 4, 5); Lukas Raeber & Wallimann Reichen, p. 53 (No. 2); Balthasar Wirz, Basel, p. 52 (top); Nico Studer, p. 52 (centre)
Visualisations: ArtefactoryLab, p. 47, 51; dima Visualization, p. 53 (No. 3)
Redesign: BKVK, Basel – Beat Keusch, Angelina Köpplin-Stützle
Graphic design: Quart Verlag Luzern
Lithos: Rica Egger, Printeria, Lucerne
Printing: DZA Druckerei zu Altenburg GmbH

Quart Publishers is being supported by the Federal Office of Culture for the years 2021–2025.

ISBN 978-3-03761-336-8

Produktsicherheit / Product safety
Verantwortliche Person gemäss EU-Verordnung / Responsible person pursuant to EU Regulation 2023/988 (GPSR):
GVA Gemeinsame Verlagsauslieferung Göttingen GmbH & Co. KG
Postfach / Post Box 2021, 37010 Göttingen, Deutschland / Germany
T +49 551 384 200 0, info@gva-verlage.de

Quart Verlag GmbH
Denkmalstrasse 2, CH-6006 Luzern
books@quart.ch, www.quart.ch

Anthologie
Werkberichte junger Architekturschaffender

Anthologie
Work reports on young architects

56 Lukas Raeber (de/en)
55 Kunik de Morsier (de/en)
54 Soppelsa (de/en)
53 SAAS (de/en)
52 Kollektiv Marudo (de/en)
51 Stefan Wülser + (de/en)
50 Baumgartner Loewe (de/en)
49 Javier Müller (de/en)
48 Tom Munz Architekt (de/en)
47 LDW architectes (de/en, fr/en)
46 ahaa (de/en)
45 DF_DC (de/en)
44 Staehelin Meyer (de/en)
43 Lilitt Bollinger Studio (de/en)
42 Inches Geleta (de/en)
41 Felippi Wyssen (de/en)
40 Kim Strebel (de, *en)
39 Beer Merz (de, *en)
38 HDPF (de, *en)
37 clavienrossier (de, *en)
36 am-architektur (de, *en)
35 Dreier Frenzel (de, *en, fr)
34 Menzi Bürgler (de, *en)
33 Fiechter & Salzmann (de, *en)
32 Roman Hutter (de, *en)
31 Alexandre Clerc (de, fr, *en)
30 Büro Konstrukt (de, *en)
29 Blättler Dafflon (de, *en)
28 Amrein Herzig (de, *en)
27 Rapin Saiz (de, *en, fr)
26 Frei + Saarinen (de, *en)
25 Edelmann Krell (de, *en)
24 LOCALARCHITECTURE (de, *en, fr)
23 horisberger wagen (de, *en)
22 phalt (de, *en)
21 Kunz und Mösch (de, *en)
20 Meier Leder (de, *en)
19 Philipp Wieting – Werknetz Architektur (de, *en)
18 frundgallina (de, *en)
17 Thomas K. Keller (de, *en)
16 Durrer Linggi (de, *en)
15 Allemann Bauer Eigenmann (de, *en)
14 Baserga Mozzetti (de, *en, it)
13 OOS (de, *en)
12 UNDEND (de, *en)
11 Corinna Menn (de, *en)
10 Michael Meier und Marius Hug (de, *en)
9 BDE Architekten (de, *en)
8 weberbrunner (de, *en)
7 huggenbergerfries (de, *en)
6 Müller Sigrist (de)
5 Beda Dillier (de)
4 Bünzli & Courvoisier (de, *en)
3 Peter Kunz (de, *en, it)
2 Buchner Bründler (de, *en)
1 Niklaus Graber & Christoph Steiger (de, *en)

*inserted booklet with translation